WEIHNACHTSMANN

Otto Müller

Schon in der Nacht vor Heiligabend sind die Kinder aufgeregt. Sie sehen im Traum den Schlitten des Weihnachtsmannes und den festlich geschmückten Christbaum.

Morgen in der Früh kauft mein Vater einen großen Tannenbaum auf dem Weihnachtsmarkt und Mutti, meine Schwester und ich schmücken ihn.

ERSTE LEKTÜREN

BELIEBTE GESCHICHTEN IN EINEM BÜCHLEIN.
SIE SIND LEICHT ZU LESEN UND AUßERDEM LUSTIG!

BEARBEITUNG, ÜBUNGEN UND WORTERKLÄRUNGEN OTTO MÜLLER
EDITING MONIKA KOPETZKY • ZEICHNUNGEN HUGO AUER

La Spiga languages

DER WEIHNACHTSMANN

Lorenz läuft auf und ab. Er kann es kaum noch erwarten. „Wann kommt Papi?", fragt er aufgeregt. Die Schlüssel drehen sich im Schloss und der Vater schleppt den großen Baum[1] ins Zimmer. „Hurra!", ruft Inge, „es kann beginnen!" Mutti wirft noch einen letzten Blick auf den Braten im Backofen[2] und dann kommt auch sie.

1. *r Baum*

2. *r Backofen*

✎ **Kreuz die richtige Antwort an!**

In welchem Monat ist Weihnachten?
❐ Im Januar.
❐ Im Dezember.
❐ Im November.

Wann kommt der Weihnachtsmann?
❐ In der Nacht vor Weihnachten.
❐ Am Heiligabend.
❐ Am Morgen des 1. Weihnachtstages.

Was bringt der Vater?
❐ Fleisch für den Weihnachtsbraten.
❐ Geschenke.
❐ Einen Tannenbaum.

Womit schmückt die Familie den Baum?
❐ Mit Sternen.
❐ Mit Lametta, Kugeln und Kerzen.
❐ Nur mit Kerzen.

„**B**ehandelt bitte die Kugeln vorsichtig, denn sie gehen leicht kaputt", mahnt der Vater.
„Helga, gib mir das Lametta[1] und das Engelshaar.[2]"
„Hier auf die Spitze kommt eine ganz besonders schöne Kugel. So, und nun noch die Kerzen[3], dann ist der Weihnachtsbaum fertig", sagt Mutti glücklich.

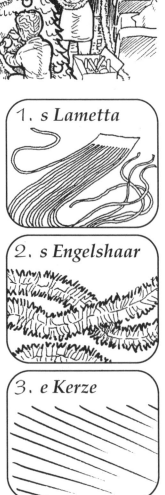

1. *s Lametta*

2. *s Engelshaar*

3. *e Kerze*

✎ **Wie heißt das Gegenteil?**

aufgeregt sein   ruhig sein

groß   ....

brav   ....

kalt   ....

vorwärts   ....

schön   ....

leicht   ....

✎ **Schreib Sätze mit diesen Wörtern!**

....

....

....

....

....

....

„**J**etzt kann der Weihnachtsmann kommen!", ruft[1] Lorenz aufgeregt. „Es wird noch ein Weilchen dauern, denn er muss heute Abend[2] viele Kinder aufsuchen und bei dem Schnee[3] kommt er nicht leicht vorwärts", sagt Vati.

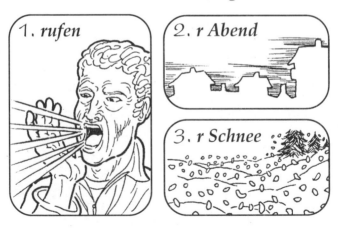

1. *rufen*

2. *r Abend*

3. *r Schnee*

6

✎ Beschreib den Weihnachtsmann!

Er hat einen langen

....

Er hat einen warmen

....

Er hat einen großen

....

Er trägt einen weißen

....

Er kommt mit einem

....

Im Garten findet er einen

....

„**K**önnt ihr euer Gedicht?[1]", fragt Mutti. „Der Weihnachtsmann bringt euch nichts. Er lässt nur eine Rute[2] da, wenn ihr das Gedicht nicht könnt!" Inge und Lorenz laufen in die Dachstube[3], und schauen aus dem Fenster. Sie können es nicht mehr erwarten.

1. s Gedicht

2. e Rute

3. e Dachstube

8

✎ Such 12 Begriffe!

S	C	H	N	E	E	M	A	N	N
D	E	X	Q	W	T	V	U	I	O
F	A	T	T	E	M	A	L	P	N
B	B	V	H	Y	J	T	L	M	E
G	E	K	E	R	Z	E	J	K	F
I	N	G	E	N	I	R	R	O	O
F	D	X	E	O	U	W	H	Z	K
A	B	R	A	T	E	N	U	Q	C
Z	O	Q	E	A	Y	C	T	D	A
L	E	G	U	K	E	H	F	G	B

Rute, ...

....

....

....

....

„**E**s ist schon fast sieben Uhr", sagt Inge. „Meinst du, Lorenz, dass wir nicht brav genug sind?"
„Ach, vielleicht bist du nicht brav genug, ich bin es", antwortet Lorenz. Sie sehen auf dem Hof[1] ihren Schneemann[2]. Es schneit seit fast zwei Tagen. Nun hören Sie aus der Ferne Glocken[3] läuten.

1. *r Hof*

2. *r Schneemann*

3. *e Glocke*

✎ **Ordne die einzelnen Wörter zu einem Satz!**

hat – vor – Angst – Inge – dem Weihnachtsmann

....

Lorenz – Gedicht – noch – sein – nicht –
gut – kann

....

funkelt – draußen – Schnee – der

....

Mutti – zu – einen – macht – Braten –
Weihnachten

....

großen – Zimmer – Papi – den – Baum –
schleppt – ins

....

„**D**as ist der Schlitten[1] des Weihnachtsmannes!", ruft Inge und rennt[2] die Treppe[3] hinunter. Sie ist sehr rot im Gesicht, denn sie hat große Angst[4] vor ihm.

1. r Schlitten

2. rennen

3. e Treppe

4. Angst haben

✎ **Beantworte folgende Fragen!**

Wann feierst du Weihnachten?

....

Wie schaut der Weihnachtsmann aus?

....

Was isst man in deinem Land zu Weihnachten?

....

Gehst du zu Weihnachten zur Mitternachts-
messe?

....

Schneit es im Winter in deinem Land?

....

Was wünschst du dir zu Weihnachten?

....

Draußen ist es sehr finster[1]. Im Schein[2] der Laternen[3] funkelt der Schnee. „Wie schön und spannend ist der Heiligabend, Mutti!", ruft Inge. Lorenz ist genauso aufgeregt wie Inge, nur zeigt[4] er es nicht.

1. *finster*

2. *r Schein*

3. *e Laterne*

4. *zeigen*

✏️ **Welcher Weg führt vom Wald zum Haus von Inge und Lorenz?**

„**W**arum klopft der Weihnachtsmann bei uns nicht? Ich kann ihn hören!", sagt Lorenz. „Sei nicht so ungeduldig. Er geht zuerst zu unseren Nachbarn", tröstet ihn die Mutter.

1. *klopfen*

2. *die Nachbarn*

✎ **Richtig oder falsch? Wenn du die richtigen Lösungen gefunden hast, ergeben die Anfangsbuchstaben die Hauptstadt Deutschlands.**

	R	F
Ostern feiern wir im Dezember.	A	B
Deutschland ist ein Kontinent.	G	E
Italien liegt im Süden Europas.	R	D
Der Weihnachtsmann kommt am Heiligabend.	L	N
Der Herbst beginnt im April.	M	I
Im Winter wird es früh dunkel.	N	C

Wie heißt die Stadt?

....

„Ich übe kurz noch einmal mein Gedicht", sagt Inge und rennt in ihr Zimmer.

Jetzt ist es aber soweit. Sie hören ein Gepolter vor dem Haus und das Scharren der Renntiere[1] im Schnee. Es klopft laut an der Tür. Vati geht in den Flur, schaltet das Licht ein[2], und draußen steht der Weihnachtsmann mit einem großen Sack[3] auf dem Rücken.

1. s Rentier

2. einschalten

3. r Sack

✎ **Setz die Wochentage aus den folgenden Wortgruppen zusammen!**

Mitt	tag
Frei	woch
Mon	stag
Donner	tag
Dien	stag
Sa	tag
Sonn	mstag

✎ **Wie heißt der Singular?**

der Schlüssel	die Schlüssel
....	die Zimmer
....	die Kugeln
....	die Bäume
....	die Männer
....	die Laternen
....	die Häuser

Vati lässt ihn herein. „Wohnen hier zwei Kinder namens Inge und Lorenz?", fragt der Weihnachtsmann mit tiefer Stimme[1]. „Ja, hier sind wir!", rufen sie zusammen. „Na, dann gehen wir ins Wohnzimmer", sagt Mutti, „da kannst du dich ein wenig aufwärmen, lieber Weihnachtsmann, denn das Kaminfeuer brennt schon seit ein paar Stunden."

1. *e Stimme*

2. *s Kaminfeuer*

✎ **Wie sieht der Weihnachtsmann aus?
Er trägt …**

die Handschuhe an den

....

die Schuhe an den

....

den Bart im

....

die Krawatte um den

....

den Hut auf dem

....

die Brille auf der

....

„**N**un, ihr lieben Kinder, sagt erst einmal eure Gedichte auf[1], und dann schaue ich auf meine Liste[2]."
Inge zittert[3] und beginnt mit ihrem Gedicht. Dann ist Lorenz an der Reihe.
„Seid ihr brav?", fragt der Weihnachtsmann die beiden Kinder.

1. *aufsagen*

2. *e Liste*

3. *zittern*

✎ **Was passt nicht in die Gruppen?**

Mond – Sonne – Regen – Stern – Mars

Haus – Garten – Garage – Blumen – Hof

Butter – Käse – Ei – Torte – Schinken

Gans – Huhn – Küken – Ente – Tiger

Weihnachten – Parlament – Christkind

✎ **Wie heißt der Infinitiv?**

er kommt	kommen
sie sagt	....
ihr zeigt	....
sie schauen	....
er beginnt	....
sie zittert	....

Beide schauen auf den großen[1] Sack. Zuerst sagt der Weihnachtsmann zu beiden, dass sie ihrer Mutti mehr helfen sollen. Am Heiligabend[2] sollen sie auch an die Kinder denken, die arm sind. „Von den Spielsachen[3] sollt ihr den armen Kindern etwas schenken", sagt der Weihnachtsmann.

1. *groß*

2. *r Heiligabend*

3. *die Spielsachen*

ÜBUNGEN

✎ **Setz die richtigen Artikel ein!**

.... Schnee funkelt im Mondschein.

.... Laterne leuchtet.

.... Blumen blühen.

.... Weihnachtsmann kommt.

.... Kind ist glücklich über ....
Geschenke.

.... Christkind wurde in .... Weih-
nachtsnacht geboren.

.... große Sack ist voller Geschenke.

.... Gedicht von Inge ist lang.

.... Weihnachtsbaum ist sehr hoch.

Aber nun öffnet er den Sack! Oh, was für schöne Pakete kommen da hervor! Inge und Lorenz können es kaum erwarten, ihre Geschenke[1] zu öffnen. „Schau, eine Puppe[2]!", sagt Inge zu ihrer Mutti und ist sehr glücklich.

1. s Geschenk

2. e Puppe

ÜBUNGEN

✎ **Beantworte die Fragen!**
Setz dazu Wörter aus den Silben
zusammen!

Äp – bahn – Bra – Ei – fel – mann –
nachts – pe – Pup – sen – ten – Weih

Wer bringt viele Geschenke?

....

Was wünscht sich Inge zu Weihnachten?

....

Was hat Mutti im Backofen?

....

Welche Früchte liegen unter dem Weihnachtsbaum?

....

Was bekommt Lorenz zu Weihnachten?

....

Und hier die elektrische Eisenbahn[1] für Lorenz. Unter dem Weihnachtsbaum liegen aber noch mehr Pakete. Auf dem Tisch stehen für jeden ein Teller mit Apfelsinen[2], Nüssen, Pfefferkuchen[3] und Weihnachtskeksen. Die Mutter und der Vater beobachten ihre glücklichen Kinder.

1. e Eisenbahn

2. e Apfelsine

3. r Pfefferkuchen

✎ **Bilde Verkleinerungformen!**

s Haus	s Häuschen
e Katze	....
r Hund	....
s Kind	....
r Fluss	....
e Mutter	....
s Pferd	....

✎ **Setze die Präpositionen ein!**

an – auf – auf – in – unter

Inge und Lorenz leben .... einem Haus.

Er klopft .... der Tür.

Er schaut .... seine Liste.

.... dem Baum liegen viele Geschenke.

.... dem Tisch stehen Teller mit Nüssen.

„**M**mh, die Kekse[1] sind sehr gut!", sagt Inge zu ihrer Mutter und nimmt sich noch eines. Lorenz baut seine Eisenbahn auf und Inge spielt mit ihrer Puppe.
Die Mutter gibt dem Weihnachtsmann noch ein Glas Glühwein[2] und begleitet[3] ihn zur Tür.
Er steigt auf seinen Schlitten und fährt im Schnee davon.

1. *r/s Keks*

2. *r Glühwein*

3. *begleiten*

30

ÜBUNGEN

✎ **Fragen zum Text.**

Mit welchem Fahrzeug kommt der Weihnachtsmann?

....

Was funkelt im Laternenlicht?

....

Womit spielt Inge jetzt?

....

Warum bekommen die Kinder Geschenke?

....

Was gibt Mutti dem Weihnachtsmann, damit ihm warm wird?

....

Was isst du zu Weihnachten?

....

© 2003 La Spiga languages · DRUCK IN ITALIEN **TECHNO MEDIA REFERENCE** · MAILAND
VERTRIEB **MEDIALIBRI** · VIA IDRO 38, 20132 MAILAND · ITALIEN · TEL. 02 27207255 · FAX 02 2567179